清源正本

乐山大佛的前世今生

乐山大佛石窟研究院　编著

科学出版社

北京

内 容 简 介

　　乐山大佛开凿于唐代开元元年（713年），完成于贞元十九年（803年），历时约九十年。本书通过三十个知识问答，配以轻松诙谐的卡通手绘和对话，捋出清晰的历史脉络，让读者能够在欢笑中快速了解乐山大佛的前世今生。

　　本书严谨而有趣，学术又活泼，是一部融学术性、故事性、文学性、趣味性为一体的通俗性文化读物。

图书在版编目 (CIP) 数据

正本清源：乐山大佛的前世今生 / 乐山大佛石窟研究院编著 . - 北京：科学出版社，2022.11
　ISBN 978-7-03-072055-9

　I. ①正…　Ⅱ. ①乐…　Ⅲ. ①摩崖造像 - 佛像 - 乐山 - 通俗读物
Ⅳ. ① K879.3-49

中国版本图书馆 CIP 数据核字（2022）第 059091 号

脚本作者：远　黛　焰　衣 / 绘画：贺晓科
责任编辑：张亚娜　周　赒 / 责任校对：王晓茜
责任印制：肖　兴 / 封面设计：徐　辉

科学出版社 出版
北京东黄城根北街 16 号
邮政编码：100717
http://www.sciencep.com
北京中科印刷有限公司印刷
科学出版社发行　各地新华书店经销

*

2022 年 11 月第 一 版　开本：880×1230 1/32
2024 年 5 月第二次印刷　印张：3 1/4
字数：100 000

定价：39.90 元
（如有印装质量问题，我社负责调换）

目录

大佛之史

大佛之奇

大佛之变

大佛之谜

大佛之史

1

乐山大佛的建造是为治水济民还是为弘扬佛法？

乐山境内有三条主要河流，分别是岷江、青衣江、大渡河。

这哥仨划分了各自的势力范围，又聚合在一处，所以乐山自古以来水患就很严重。

可惜这三兄弟虽然能力强，脾气却不好，凑到一块儿的时候经常打打闹闹、吼声震天，掀起的千重巨浪经常吞没过往的船只和人员。

　　"舟随波去，人亦不存"，说的就是船沉人亡的场景，令附近的百姓苦不堪言。

船没了！

相公！

爹啊！

你们三个太祸害人了！
我要帮助百姓
挫挫你们的威风！

　　唐朝时当地来了一位得道高僧海通禅师，他本想在这里修行，但是看到三兄弟危害百姓的情景非常痛心，决定凿山立佛，治理水患。

　　大佛修建在三江汇流的凌云山，河流湍急的情况得到了缓解，百姓从此不再担惊受怕。

　　附近来来往往的船只不计其数，人们看见矗立在岸边的大佛，都会朝拜祈福。

海通禅师不仅通过修建大佛弘扬佛法，还造福百姓治水济民，可谓一举两得。

 　因此，乐山大佛建造的初衷既是治水济民也是弘扬佛法。

2

乐山大佛的建造是单依形势选址还是综合选址?

大佛苦恼，自己该站在哪个位置才能震慑住这调皮的三兄弟呢?

念念有词

我们不敢再胡闹啦······

看守熊孩子是必须的，但是佛像还要遵从佛教造像仪轨，面向西方，并且要便于民众朝拜，给予众生内心安稳的力量，所以最后海通禅师决定让大佛矗立于三江汇流处的凌云山栖鸾峰西壁。

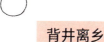

背井离乡

低头思故乡

举头望明月

佛像正面朝西，每日深情遥望故乡——西方，放眼望去，可以看见峨眉山金顶诸峰。

乐山大佛的建造是综合考虑了多个方面，才确定的选址，不仅是对"佛从西来"的虔诚礼敬，也是"易暴浪为安流"的慈悲之心。

嗯，以后就在这安家啦。

所以，乐山大佛的建造是经过多方考虑的综合选址。

3

乐山大佛的建造是民间工程还是政府工程？

海通禅师想要修建大佛，可是他犯愁呀，大佛不是从天而降，要一点点修建起来，这就需要银子了。

唉，一文钱尚且难倒英雄汉，这么多钱，可难煞我这个出家人了。

海通禅师决心要排除万难，可不会被这个困难吓倒，想办法到民间各处去筹款、募捐。

海通禅师募集到了钱，就开始修建大佛了。（《嘉州凌云寺大弥勒石像记》载："倩师金工，亦罔不臻。"）

越来越多的人贡献出自己的力量，其中最有名的是两位节度使。

一位是剑南节度使——章仇兼琼。

我叫章仇兼琼，是唐朝剑南节度使。这 20 万俸钱，是我的一片心意。

为民造福的事情，谁都不要跟朕抢。

章仇兼琼还上书唐玄宗，禀报造佛之事，并申请以麻盐税收资金资助工程。唐玄宗允诺。

我是韦皋,现任剑南西川节度使。这50万俸钱,全部捐出来修大佛,万万不可推辞。

另一位是剑南西川节度使——韦皋。

事实证明,一切困难在团结的群众面前,都是纸老虎。

所以,大佛的建造,是依靠民间众筹和官方支持完成的。

大佛的建造,是一项官民结合的浩大工程。

4

乐山大佛的建造是随心而为还是依规实施?

乐山大佛本来只是一块大石头。

海通禅师为了大佛的颜值操碎了心，整天在石头上比画来比画去，生怕给它塑形失败。皇天不负有心人，终于在凿造佛像之前对佛像头围和眼睛长度有了明确规划，推算出头部周长约 30 米，单眼长度约 3 米。

以前　　　　　　现在

大石头摇身一变，成了身形庞大、比例匀称、造型完美的大佛，要是没有准确的设计规划，是难以做到的。

　　海通禅师目光长远（《嘉州凌云寺大弥勒石像记》载"禅师经始之谋大，虑终之智朗"），不仅遵照佛教造像仪轨，还严格按照度量凿造，形体尺寸拿捏得死死的，保证了佛像全身匀称并历经90年凿造不走样。

乐山大佛的建造得益于准确的设计规划，是依规实施的！

5

乐山大佛的建造是从头至脚还是从脚至头？

　　眼看就要动工了，可是这大佛从哪里开始建造呢？海通禅师低头一看，山脚是湍急的三江水，工人根本无法落脚。那看来只能吊着绳索，从头部开始凿刻了。

啊啊，大佛，你终于露真容了。

章仇兼琼，我舍不得你。

　　人们盼星星盼月亮，等着大佛修建完成。在第二任主持凿造者章仇兼琼离开的时候，佛像修到了膝盖以上部分。

大佛，再见！

别担心，我韦皋来继续修建！

韦皋是第三任主持凿造者，他可不敢怠慢，花费了许多的时间和精力，把大佛膝盖以下部分和莲花座修建完成了，完整的大佛这才得以和人们见面。

据《嘉州凌云寺大弥勒石像记》记载，海通时期佛像凿造"不数载而圣容俨然"，说的就是开凿没几年就看见大佛庄严的面容了。所以，大佛的建造是从头到脚进行的。

6

乐山大佛的建造是通体凿刻还是组合而成?

大佛建成了，他的粉丝从各地蜂拥而至，为了看大佛，脖子都仰酸了。

这个谜底究竟是什么呢？南宋著名诗人范成大在《吴船录》中记载："海通始凿山为弥勒佛像……两耳犹以木为之……"意指大佛双耳不是原岩凿刻，而用了木料。

"治理乐山大佛的前期研究"科研项目于 1989 年启动，经现场调查确认佛耳为木胎泥塑。

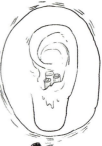

我告诉你一个秘密，千万不要告诉别人：大佛的耳朵是用木头作结构的。

不可妄言！

哎呀，大佛有耳屎？

在大佛的耳垂根部内侧窟窿里发现已经腐朽的木泥。

　　人们还用上了无损检测仪，来"透视"大佛，显示出里面的木质材料。

此外，据 1914 年的大佛照片可见，当时大佛鼻子部位已破损成平塌的三角形。而现存鼻子是后期修复的，与佛耳一样，也是以木为架，再以捶灰抹面装饰。

我的鼻子好痛啊！

别急别急，马上给你修好，保证完好无损。

 所以，现存乐山大佛不是由原岩通体凿刻而成，现存大佛双耳和鼻子是以木为架，再抹以捶灰装饰而成。

参见《治理乐山大佛的前期研究》第 22、73 页，《世界关注乐山大佛》第 87 页。

7

乐山大佛的建造是一气呵成还是中有间断？

唐代开元元年（713年）的某一天，海通禅师激动万分地宣布大佛开始动工，他语气颤抖，双眼发红，这一天，他已经盼了很久。

等了好久终于等到今天。

唐开元元年（713年）

　　海通禅师日日夜夜为大佛操劳，凿造到了大佛的肩胸部位时，海通禅师却与世长辞，撒手而去。

唐开元二十七年（739 年）

　　大佛的凿造，只能暂时停了下来，人们和大佛一起，等啊等，等了许久，终于等到了第二任主持凿造者章仇兼琼。

到唐天宝五载（746年）章仇兼琼升任户部尚书时，完成了大佛膝盖以上部位的凿造。

唐天宝五载（746年）

此后，因多种原因导致大佛的凿造再次停了下来。直到唐贞元元年（785年），韦皋来了。

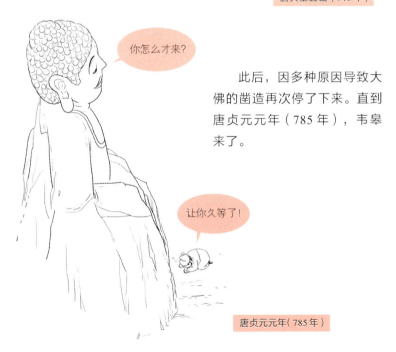

唐贞元元年（785年）

唐贞元十九年（803 年）

乐山大佛凿造历经 90 年，实际施工期为三个阶段。最后在韦皋的主持凿造下，大佛膝盖以下部位和莲花座等终于完工。所以，乐山大佛的建造中有间断。

参见《世界关注乐山大佛》第 121 页。

大佛之奇

8

乐山大佛造像是单独造像还是组合造像?

乐山大佛坐于"龛"中,已经历了一千多年的沧桑。

我是露顶开龛,
任他风吹雨打,
我自岿然不动。

乐山大佛身躯伟岸，总让人以为那里只有他一尊大佛，实际上，他的身边就有两位同伴，他们一起组成了"一佛二天王"的窟龛布局。

我们是"一佛二天王"组合！

这儿还有我们。

佛、菩萨多了力量更大！

整个遗产地核心区域共有造像窟龛 184 个，多数为唐代窟龛，而乐山大佛正是摩崖造像群的核心。

朋友永远一起走，
那些孤单不再有……

 乐山大佛处于摩崖造像群中，是摩崖造像群的核心佛像。所以，乐山大佛造像是组合像。

9 乐山大佛造像是一尊如来佛还是弥勒佛?

唐朝时期,佛教信仰已有较广泛的群众基础,其中弥勒佛广受人们欢迎。《弥勒下生经》载,弥勒是释迦牟尼的继任者,是未来佛,象征着光明与希望。因此弥勒佛在人们的心目中地位崇高。

武则天在位期间，信奉佛教兴建佛寺，全民礼佛蔚然成风。特别是在她称帝前，曾命人撰写《大云经疏》，渲染弥勒佛以圣母神皇身份转世的预言。民众对弥勒佛的信仰也因此变得越来越兴盛。

海通禅师左思右想，综合各种因素，最后终于下定决心把大佛修建成弥勒佛。大佛第三任主持凿造者韦皋，也在《嘉州凌云寺大弥勒石像记》中记录了凿造始末，"崇未来因，作弥勒像"，明确了佛像是弥勒佛。

所以，乐山大佛造像是弥勒佛。

10

乐山大佛造像是像与山齐还是像高于山？

海通禅师把乐山大佛的家安在了凌云山栖鸾峰西壁，测量好了山峰的高度，给大佛定制好了身高，又碰到了一个新问题。

什么问题呢？如果把栖鸾峰上完整的岩体凿造成大佛头部，那么佛头位置就会下降数米，在两侧山崖就难以见到佛像面部。

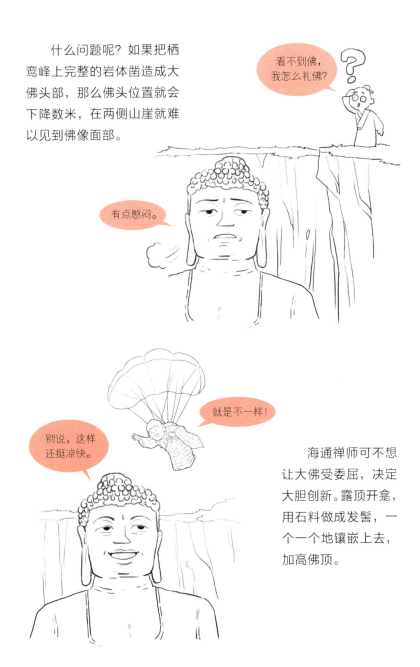

看不到佛，我怎么礼佛？

有点憋闷。

就是不一样！

别说，这样还挺凉快。

海通禅师可不想让大佛受委屈，决定大胆创新。露顶开龛，用石料做成发髻，一个一个地镶嵌上去，加高佛顶。

 大佛头顶略高出岩体，孤立突出，还能散热通风，更好地保护佛像。所以，大佛头顶比山顶要高一些，人们在山上也能礼佛了。海通禅师的机智使得大佛像高于山。

参见《乐山大佛史迹考辨》第7页，《世界关注乐山大佛》第70—71页。

11

乐山大佛面相是偏南方人还是北方人？

位置选好了，身高也确定了，可是大佛的样貌究竟应该怎么设计呢？还让他和在天竺时一样吗？海通禅师总是觉得不太满意。

我对这个新造型很满意！

嗯嗯，试验成功！

海通禅师考虑了很久，最终决定让大佛入乡随俗，根据地域所在采用写实手法进行凿造，于是大佛具有了一些南方人的特点。

那可不，我就是照你们的样子长的。

看到大佛怎么这么亲切呢？

百姓们来礼佛的时候，看到大佛的样貌，亲近之情油然而生。

所以，乐山大佛的面相更像南方人一些！

12

乐山大佛鼻子和耳朵的现状是实心还是空心？

古代能修建出这样一座大佛，人们都觉得是个奇迹。想了解大佛更多秘密的大有人在。随着科技的发展，人们对大佛的了解也越来越多了。

所以，大佛现存双耳和鼻子都是木作结构，内里空心。

13

乐山大佛发髻及衣饰是单纯装饰还是另有妙用？

我不仅庄重大方，我更有内涵。

乐山大佛头顶上的发髻十分惹眼，增加了佛像的高度，让大佛看起来更加威严。但如果你以为它的作用只是装饰美观，可就大错特错了。

1、2、3、……1001、1002、1003……

嘿哟、嘿哟

原来，海通禅师在修建大佛的时候，思虑深远，早就想到了大佛在漫长岁月中的保护问题。

最后一层这里也有，一直到大佛的耳朵后面。

咦，第4层这里有条排水沟！

第9层也有！

1962年维修乐山大佛时，对螺髻进行了编号统计，共有18层，1051个。更令人惊叹的是这些螺髻与大佛排水的秘密。

原来，海通禅师在设计时，巧妙地把大佛耳后、衣领以及衣服褶皱连在一起，顺势构成了排水渠道，把水给排出去了。没想到吧，大佛头顶螺髻和衣服褶皱除了装饰美观外，还承担着排水道的重任，千百年来，对保护大佛起到了重要作用。

嘿嘿，这些其实都是海通禅师他们的功劳。

大佛果然是颜值与内涵并存，实力偶像派呀！

所以，大佛的发髻衣褶另有妙用。

14

乐山大佛坐姿是佛教坐姿还是世俗化坐姿?

乐山大佛倚坐姿势又称"善跏趺坐",是佛陀的塑造姿态之一。当初为了这个坐姿,争论不休,众说纷纭。

盛唐时期，正四足椅成为时髦坐具，很受欢迎。大佛前伸的膝盖同臀部大体处于相同的高度，应是受此影响。

此外，大佛的倚坐造型形成了塔式结构（三角结构的变形），增强了结构稳定性，可以说，大佛坐姿是出自世俗的佛教坐姿。

15

乐山大佛整体是完全对称还是稍有偏差？

好奇是人的天性，佛也一样，大佛对着三条大河，左照照，右照照，总觉得自己脸不对劲儿。

你看他是不是一边脸大一边脸小？

没有啊，我咋看着两边对称得很！

肉眼看不出来，人们对于大佛到底是完全对称还是稍有偏差存在疑虑，通过采用先进的科技手段对大佛进行了测量。

右耳长 6 米，宽 1.98 米。

左耳长 6.2 米，宽 1.76 米。

左手长 7.96 米，宽 5.65 米。

右手长 8.65 米，宽 6.05 米。

左脚长 10.05 米，宽 6.75 米，脚背高 3.35 米。

右脚长 10.3 米，宽 6.85 米，脚背高 3.65 米。

世界上没有两片完全相同的树叶，谁还不是大小脸呢。

测量了大佛各部位尺寸详细数值后，发现左右耳朵、脚以及手的尺寸差距比较大，其余眉眼等部位的差距都极小。

结合唐贞元十九年（803年），大佛竣工时的技术水平，对于体量如此巨大的造像而言，以上尺寸的差异是可以忽略的，大佛整体可以称作对称。

哎呀呀，人家都1300年了脸还这么俊，咋保养的？

 所以，大佛整体对称，这是来自1300年前的严谨！

参见《治理乐山大佛的前期研究》第18页。

16

乐山大佛是中国最高的佛造像还是世界最高的佛造像?

大佛通高 71 米,每天威风凛凛地坐在凌云山栖鸾峰西壁,乐呵呵地看着人们像小蚂蚁一样来来往往。

第 100 只、101 只、102 只……

以前受条件限制，国外的人们并不知道我们低调的乐山大佛，认为通高 53 米的阿富汗巴米扬西大佛就是世界最高的大佛。

后来，乐山大佛通过国内外的报刊、电视、电影等媒体展现于世界，人们才知道其高度远远超出巴米扬西大佛的高度，当属"世界之最"。

你最高你最高。

所以，乐山大佛是当今世界上最高大且历史悠久的摩崖石刻造像。

大佛之变

17

乐山大佛"国字脸"自古如此吗？

千百年来，风雨雷电几兄弟使大佛饱经风霜，把大佛弄得面目斑驳。

经过千百年来的多次修补，依据当时的审美，人们对大佛的眼耳口鼻都进行了微调，今日的大佛面貌与原貌是有一定距离的。

但是历代维修均注重佛像庄严妙相的保持，其头部轮廓依然如旧。

岷江、青衣江、大渡河三兄弟看着水里的倒影，纷纷点头："我们都可以证明，这张大大的国字脸就没变过。"

所以，我们的乐山大佛的国字脸自古如此。

参见《乐山大佛史迹考辨》第31页，《世界关注乐山大佛》第127页。

18

乐山大佛头髻自古如此吗?

就这个发型吧。

在设计大佛发型的时候，海通禅师也是花费了很多心思的。

所谓"相""好"，是指佛陀所具有的庄严德相，

在佛的应化身中，有三十二相、八十随形好。

相好？

海通禅师在大佛凿造之初就按照佛教造像仪轨定下了"其余相好，一以称之"的总体规划。乐山大佛的发髻可不是一般的装饰发髻，"顶肉髻成"即为佛陀三十二相之一。

佛像凿造完成后"象设备矣，相好具矣"，说明"相""好"贯穿凿造始末，大佛紧密排列的18层的发髻，都是根据佛像规划完成。

妈妈，我也要梳那个发型。

这个发型对发量要求太高了！

只是在 20 世纪 30 年代佛像维修时，对发髻做了些许调整：额头中间发髻出现尖弧状，并对局部进行了发髻增补。

我也要有美人尖。

 所以，大佛头髻自古如此。

参见《乐山大佛史迹考辨》第 31 页，《世界关注乐山大佛》第 128 页。

19

乐山大佛双手抚膝自古如此吗？

大佛双手抚膝，但是根据勘测，大佛右手要比左手高出 1.8 米，结合四川乐山夹江县唐代千佛岩弥勒造像为右手向上手握佛珠的手势，有学者认为大佛凿造之初，其手势也应为右手向上手握佛珠。

兜里呢！

你的佛珠呢？

但从实际情况来看，夹江唐代千佛岩弥勒造像体量小（通高 2.7 米），而乐山大佛体量超大。

千佛岩弥勒

乐山大佛

身材高大也是有烦恼的，比如大佛想要把手指弯曲向上凌空握佛珠就无法做到，这样凿刻不仅造型难度大，而且大佛手指自身重量也难以支撑，所以大佛只能把手放在双膝。这种"双手抚膝"的手势在其他石窟造像中同样存在。

　　双手抚膝的手势造型不仅能使佛像更加肃穆庄严，也更符合海通禅师"图坚久"之目的。

所以，乐山大佛双手抚膝自古如此。

参见《乐山大佛史迹考辨》第35页，《世界关注乐山大佛》第102页。

20

乐山大佛素衣素面自古如此吗？

大佛建成那天，佛体贴金彩绘，四处一片锣鼓喧天，大家可高兴啦！

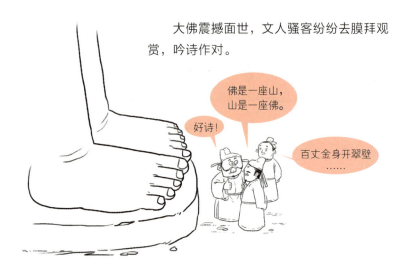

大佛震撼面世，文人骚客纷纷去膜拜观赏，吟诗作对。

佛是一座山，
山是一座佛。

好诗！

百丈金身开翠壁
……

可是大佛脚下的三个熊孩子和天上风雨雷电四兄弟，对彩绘新衣充满了好奇，整日扒拉着大佛的衣服看来看去。

给我看看
你的新衣服！

有熊孩子，哪里
穿得起好衣服。

日复一日，年复一年，大佛在辗转的岁月里，彩绘早已经不见了，变成了如今所见的素面石雕。

我的素颜也很帅。

哦！古人诚不我欺。

丹采以章之，金宝以严之。

乐山大佛历史研讨会

20 世纪 90 年代，人们通过先进的科技手段对大佛进行调查勘探，也证实了大佛曾经有过彩色妆銮。所以，乐山大佛素衣素面并非自古如此。

21

乐山大佛胖瘦自古如此吗?

岁月是把无情刀,总是派遣风雨雷电四兄弟考验大佛,想看看他是不是真的永远屹立不倒。

大佛十分坚强,历经千百年,默默忍受着身体的表层岩石被不断侵蚀和风化。

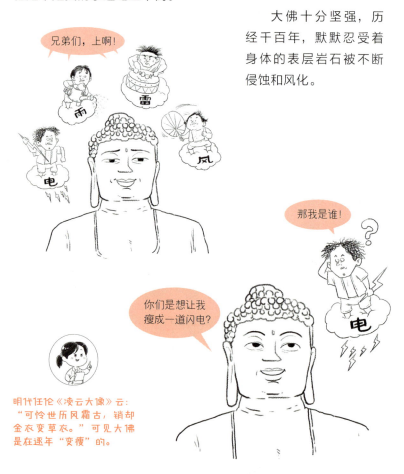

明代任伦《凌云大像》云:"可怜世历风霜古,销却金衣变草衣。"可见大佛是在逐年"变瘦"的。

就在大自然不断对佛像进行剥蚀的同时，人类也在不断地对佛像进行维修保护，例如使用传统材料"捶灰"对大佛表面进行培修。

我三岁时见他就长这样，现在我都老了，他怎么一点也没变？

严格说来，大佛的胖瘦在短时期内仅凭肉眼无法识别，需借助科学仪器进行精准测量。所以，受大自然的侵蚀作用和人类的历代维护影响，大佛的胖瘦时有变化。

22 乐山大佛幕天席地自古如此吗？

我们现在看到的大佛，头顶天、脚踩地，没有任何遮蔽。那么一千多年来，大佛一直就是这么风吹雨淋过来的吗？

> 不愧是大佛，受了上千年的风吹雨打，还是威严如初。

> 看，这就是历史在我身上留下的痕迹。

如果我们在大佛身上仔细寻找的话，就可以大致推断出大佛并不是一直如此。

大佛的肩部、胯部和脚部等保存有较完整的柱础遗迹，其左右两侧山崖上有对应的梁架孔洞遗迹。

真相究竟是什么呢？我笑而不语。

胯部发现两个柱础遗迹，直径达 1.25 米，同时在两壁上发现了与之配套的梁架孔洞遗迹，四者位于同一水平高度。

孔洞遗迹宽 0.8 米，高 1.35 米，深 1.2 米。

大佛，你究竟还有多少秘密？

人们发现了这些线索后，十分兴奋，四处寻找。后来又有了新发现。

大佛的脚部平台上有 53 个柱洞。

同时还发现了屋檐线及带釉筒瓦、板瓦碎片遗留。

左右两侧的山崖有近千处梁架孔洞遗迹。

原来，大佛在凿成之初，人们曾经修建过一座规模非凡、"为楼十三层"的佛阁，名叫"大像阁"，用来保护大佛。可惜后来毁于宋元战火。

由此可见，乐山大佛并不是自古以来就幕天席地，唐代的大像阁在对佛像保护方面，曾经起到了不可忽视的重要作用。

除了实地勘察，我们也可以从文献资料里找到大像阁曾经存在过的痕迹，比如"像阁与山齐""卧看古佛凌云阁""不辞疾步登重阁"等。所以大佛并不是自古就幕天席地哦！

参见《"大像阁"建筑遗迹调查报告》第8、18页，《乐山大佛史迹考辨》第52—53页，《乐山大佛世界遗产地保护与利用研究》第155页。

23

"乐山大佛"之名自古如此吗？

我们习惯了称大佛为乐山大佛，仿佛自古以来它就是这个名字一样，但历史上，大佛曾经有过很多个名字。

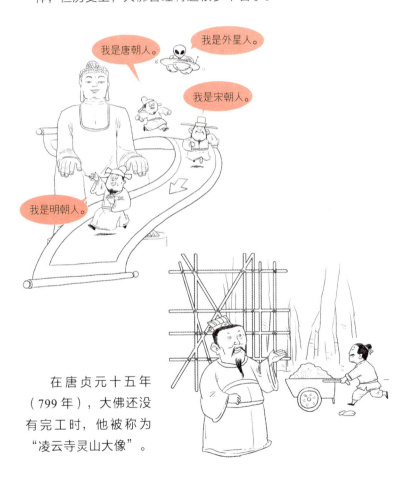

在唐贞元十五年（799 年），大佛还没有完工时，他被称为"凌云寺灵山大像"。

短短四年后（803年），韦皋撰写《嘉州凌云寺大弥勒石像记》一文时，将大佛改称为"凌云寺大弥勒石像"。

时光飞逝，到了宋朝，大佛被称为"凌云大像"。

说真的，我也不知道自己叫什么名字了。

物换星移，到了明清时期，大佛被称为"凌云大佛"。

你是凌云大佛啊！这在明万历《嘉定州志》中可是有记载的呢。

世界又变了，莫非，我又要解锁新称呼？

时间继续流逝，到了民国时期，大佛被称为"嘉定大佛"或"嘉定镇江佛"。

大佛一直在这里镇守这三条江河，难怪叫嘉定镇江佛呢！

也叫嘉定大佛，很贴切呢！

嘉定是从南宋以来乐山的行政区划名，一直到 1956 年，四川省公布的第一批四川省文物保护单位中，也还是嘉定大佛这个名字。而我们现在称呼的乐山大佛，是以新的行政区名乐山来命名的，沿用至今。

世事沧桑巨变，称呼只是一个个时代的记忆。

大佛，你记得自己有多少名字吗？

　　所以，大佛在历史中有过多个名字，"乐山大佛"的名称是 20 世纪 50 年代才最终确定的。

参见《乐山大佛与大佛文化》第 66—68 页。

大佛之谜

24

乐山大佛真有"藏宝洞"吗？

藏宝洞总是对人们有难言的吸引力，乐山大佛体型庞大，会不会也有宝藏呢？1962年，人们对大佛进行修缮时，惊奇地发现大佛的胸部正中有一个封闭的暗室。

"藏脏洞"因位于佛像心脏部位而得名。藏脏洞内通常放置五谷、五金或经书帛卷。这些在佛教里都具有特别的意义。

大佛之谜 75

人们心脏扑通乱跳地打开了门，走进去一看，嗬，高 3.3 米，宽约 1 米，深 2 米，这个洞的面积还不小。

1980 年，电影《神秘的大佛》上映后风靡全国，影片中乐山大佛藏有无数的宝藏。结合大佛胸口正中的暗室，引发了许多对大佛"藏宝洞"的猜想。

进入暗室后人们并未发现金银财宝，多为废铜废铁等。

不过要说一无所获，他们可不同意。因为他们发现了一件文物，那就是藏脏洞的封门石，竟然是记录宋代培修大像阁的天宁阁记事碑。

藏脏洞是唐朝时期建造的，封门石却是记录宋代培修大像阁的天宁阁记事碑，这说明，藏脏洞在之前就已经被打开过。藏脏洞内原本放置何物不得而知。

由此来看，乐山大佛中是否真的曾经藏有宝藏，这个问题，大概只能留给历史了。

所以，乐山大佛是有"藏宝洞"的。

参见《世界关注乐山大佛》第132页。

25

乐山大佛真有"莲花台"吗?

传说,释迦太子在降生时,出现了"步步生莲"的奇景。

乐山大佛自然也是有莲花台的，这可以从韦皋的《嘉州凌云寺大弥勒石像记》中看出。

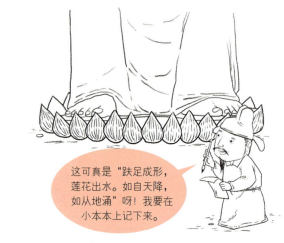

这可真是"趺足成形，莲花出水。如自天降，如从地涌"呀！我要在小本本上记下来。

人们在对大佛进行维修时，发现了更多的证据。

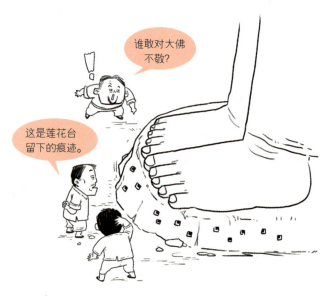

谁敢对大佛不敬？

这是莲花台留下的痕迹。

那莲花台去哪儿了呢？漫长的岁月中，莲花台被风吹雨打，风化得过于严重了。

 在历史上，乐山大佛确实是脚踏莲台，只是因为风化严重而无法修复。1962 年修复大佛时，按照莲台高度及体量做成了长方形脚踏。所以，大佛建造之初是真的有莲花台的。

参见《乐山大佛史迹考辨》第 42—44 页，《世界关注乐山大佛》第 131 页。

26

乐山大佛真长有"瑞草"吗？

大佛身上并不生长仙草。但是乐山境内雨量充沛、空气潮湿，红砂岩凿造的大佛佛体极易滋长各类植物。为了让大佛能保持庄严肃穆的妙相，工作人员会定期清除大佛身上的植物。这些从千年神圣佛像身上长出的植物自带祥瑞之气，是人们心中的"吉祥草"。经过层层筛选、净化、加工，"吉祥草"最终被制作成精致的工艺品。

因为这些工艺品曾经属于大佛身体的一部分，所以命名为"弥勒瑞草"文创产品，成为游客"能带走的大佛礼物"和"在别处买不到的礼物"，给人以吉祥如意的祝福。

跟所有的烦恼说拜拜，跟所有的快乐说嗨嗨。

别忘了把垃圾也带走哈。

我还会回来的。

轻轻地我走了，正如我轻轻地来，除却这株仙草，我不带走一片云彩。

大佛的礼物

所以，"弥勒瑞草"是大佛的馈赠和祝福哦！

27

乐山大佛真有"七彩佛光"吗?

人们发现大佛被神秘的七彩光笼罩着,好奇极了:这神秘光环是哪里来的呢?

佛家认为佛光是佛陀与菩萨头轮放射出来的光芒，佛光普照是吉祥的象征。

其实这种光环是物理学中的"日晕"现象，当阳光照在云雾表面，经过衍射和漫反射作用形成佛光这种自然奇观。

"佛光"的出现需要众多自然因素结合，比较罕见，大佛所处的地理位置，其地形、空气湿度、光照度等符合"佛光"出现的条件，因此人们当作佛祖显灵也是情有可原。

　　所以，可遇不可求的"日晕"现象出现，才能见到传说中的"七彩佛光"哦！

乐山大佛真会 "闭眼流泪" 吗？

传说只要国家遭受天灾老百姓受苦，大佛就会流下眼泪。

男儿有泪不轻弹，只是未到伤心处。

我是沙子迷了眼，赶快把照片删了。

真是一个有灵性的大佛。

20 世纪六七十年代有人称拍到了大佛"闭眼流泪"的照片，因此有了一些民间传说。

呜呜呜，
我真没哭。

减少污染啊，
别再让我流泪。

大佛说自己没哭，可是没人信啊！这时候科学家站了出来，为大佛做了证明。原来啊，大佛之所以闭眼流泪主要是近现代工业发展，空气被污染形成酸雨，而对佛像造成侵蚀。

酸雨可以使岩石表面溶解，出现变脏、变黑的现象。酸雨中含有硫酸和硝酸等物质，这些物质落在大佛的眼睑上，会使眼睛部位的颜色脱落。远远看去，人们就像看到大佛闭上了眼睛。由于酸雨从上往下流，时间长了，就形成了人们所看到的大佛"闭眼流泪"的错觉。

嗯嗯，保护环境，
绿水青山就是
金山银山！

所以，大佛是不会闭眼流泪的！

29 乐山大佛真有"凌云窟"吗？

传说乐山大佛有个"凌云窟"，里面住着一头凶兽——火麒麟，它镇守着天下龙脉，平时隐居在洞穴里，当"水淹大佛膝，火烧凌云窟"时，火麒麟便会重现江湖。

大佛这么高，猴年马月也淹不到膝盖呀，江湖那么大，我想去看看。

金鳞岂是池中物，
一遇风云便化龙。

"凌云窟"的说法出自 20 世纪
90 年代由郭富城、郑伊健等主
演的香港武侠电影《风云雄霸
天下》，该电影在乐山大佛景
区取景。后来同题材电视剧《风
云》，由赵文卓、蒋勤勤等主
演，同样在乐山大佛景区取景，
使得"凌云窟"更加广为人知。

　　大佛也很疑惑自己在凌云山待了一千多年咋就没有见过火麒麟
呢？其实这里确实没有所谓的火麒麟，"凌云窟"在现实之中是指
1800 多年前的东汉崖墓遗址。崖墓是流行于东汉时期的一种开凿
于山岩，仿生人生活空间的墓葬形式。

这里就是东汉
建造的崖墓。

居然还有前后室，
是模仿墓主人生前的
房屋结构开凿的吧？

在岷江沿岸，大佛景区范围内就有众多东汉崖墓，其中有全国重点文物保护单位——麻浩崖墓，四川省文物保护单位——柿子湾崖墓。

麻浩崖墓

柿子湾崖墓

 所以，乐山大佛是没有"凌云窟"的。"凌云窟"在现实之中是指1800多年前的东汉崖墓遗址。

30

乐山大佛真在"佛心之地"吗?

1989 年,广东游客潘鸿忠在游览乐山大佛景区时,无意中发现一张照片上起伏的山峰恰似一尊仰卧的睡佛,五官轮廓清晰可辨,体态匀称。

睡佛是由东岩山、凌云山、乌尤山三兄弟组合而成的天然奇观，全长 4000 余米。

大佛感觉到满满的安全感，因为正好位于睡佛心脏部位，形成了"佛中有佛"的奇观，也契合了佛教"心即是佛""心中有佛"的教义。

 所以，乐山大佛正好位于睡佛心脏部位，即"佛心之地"。